DORIS IDING

ACHTSAMKEIT

Mein Übungsbuch
für mehr Balance & Harmonie

DIE GU-QUALITÄTSGARANTIE

Wir möchten Ihnen mit den Informationen und Anregungen in diesem Buch das Leben erleichtern und Sie inspirieren, Neues auszuprobieren. Bei jedem unserer Produkte achten wir auf Aktualität und stellen höchste Ansprüche an Inhalt, Optik und Ausstattung. Alle Informationen werden von unseren Autoren und unserer Fachredaktion sorgfältig ausgewählt und mehrfach geprüft. Deshalb bieten wir Ihnen eine 100 %ige Qualitätsgarantie.

Darauf können Sie sich verlassen:
Wir legen Wert darauf, dass unsere Gesundheits- und Lebenshilfebücher ganzheitlichen Rat geben. Wir garantieren, dass:
• alle Übungen und Anleitungen in der Praxis geprüft und
• unsere Autoren echte Experten mit langjähriger Erfahrung sind.

Wir möchten für Sie immer besser werden:
Sollten wir mit diesem Buch Ihre Erwartungen nicht erfüllen, lassen Sie es uns bitte wissen! Wir tauschen Ihr Buch jederzeit gegen ein gleichwertiges zum gleichen oder ähnlichen Thema um. Nehmen Sie einfach Kontakt zu unserem Leserservice auf. Die Kontaktdaten unseres Leserservice finden Sie am Ende dieses Buches.

GRÄFE UND UNZER VERLAG. *Der erste Ratgeberverlag – seit 1722.*

KGS

INTENSITÄTSGRADE DER ÜBUNGEN

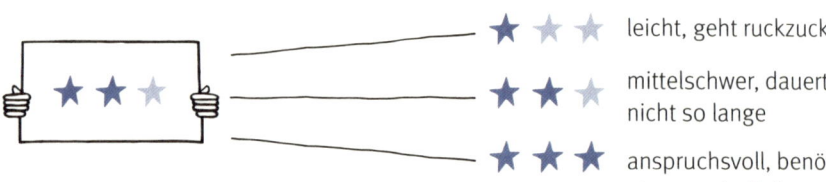

★ ☆ ☆ leicht, geht ruckzuck

★ ★ ☆ mittelschwer, dauert nicht so lange

★ ★ ★ anspruchsvoll, benötigt etwas mehr Zeit

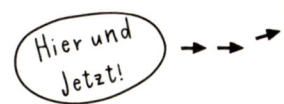
Hier und Jetzt!

BEVOR ES LOSGEHT

Alles, was du für Achtsamkeit brauchst, ist die Bereitschaft anzufangen. Am besten gleich heute!

Wach sein im gegenwärtigen Augenblick! Ohne Wertung. Ohne Kommentar. Eine solche Haltung dir selbst und anderen Menschen und dem Leben gegenüber schenkt dir ein tiefes Gefühl innerer Stärke und Gelassenheit. Ganz gleich, wie wild die Stürme im Außen toben.

Zahlreiche Übungen, mal intensiv, mal einfacher, helfen dir auf deinem Weg dorthin. Du kannst sie nach Lust und Laune durcheinander bearbeiten, also an einem Tag eine leichte und schnell durchführbare Übung wählen und wenn du mehr Zeit und Muße hast, eine anspruchsvollere.

Achtsamkeit zeigt dir, wie schön das Leben sein kann. Im übertragenen Sinne lernst du durch sie, die Wellen, die dir das Leben präsentiert, elegant und mit einem Lächeln auf den Lippen zu reiten – anstatt dich von ihnen umwerfen zu lassen. Stoppen kannst du sie nämlich nicht.

Viel Freude beim Surfen!

D. Oding

WIE ACHTSAM BIN ICH?

Überprüfe, wie achtsam du normalerweise im Alltag bist. Beantworte dazu die Fragen auf der Skala von 1 (selten) bis 6 (meistens) und notiere die Punkte.

1	2	3	4	5	6

Ich mache oft mehrere Sachen gleichzeitig.

◯ ◯ ◯ ◯ ◯ ◯

Vieles von dem, was ich denke und tue, passiert automatisch.

◯ ◯ ◯ ◯ ◯ ◯

Beim Autofahren reagiere ich sehr schnell gereizt.

◯ ◯ ◯ ◯ ◯ ◯

Ich habe oft Konzentrationsschwierigkeiten.

◯ ◯ ◯ ◯ ◯ ◯

Ich nehme das kleine Glück im Alltag oft nicht wahr.

◯ ◯ ◯ ◯ ◯ ◯

Ich empfinde Anspannung oft erst dann, wenn sie sich als körperliche Verspannung oder Migräne äußert.

◯ ◯ ◯ ◯ ◯ ◯

Manchmal bin ich so in Gedanken, dass ich gar nicht weiß, wie ich von A nach B gekommen bin.

◯ ◯ ◯ ◯ ◯ ◯

| 1 | 2 | 3 | 4 | 5 | 6 |

Ich falle meinen Gesprächspartnern oft ins Wort.

○ ○ ○ ○ ○ ○

Ich liebe es, von einer besseren und schöneren Zukunft zu träumen.

○ ○ ○ ○ ○ ○

Ich esse oft so schnell, dass ich gar nicht richtig schmecke, was ich zu mir nehme.

○ ○ ○ ○ ○ ○

Meine Gesamtpunktzahl: _ _ _ _ _ _

▶ Je höher die erreichte Punktzahl, desto intensiver solltest du dich mit dem Üben in Achtsamkeit befassen.

EINFACH DA SEIN

Lege das Übungsbuch zur Seite und mache dir bewusst, wo du gerade sitzt. Wie ist die Unterlage beschaffen, auf der du sitzt? Wie fühlt sie sich an? Ist sie weich? Oder hart? Schiebe deine Hände unter dein Gesäß. Wie fühlt sich das Material an? Kalt oder warm? Stehe nun auf und betrachte den Stuhl oder das Sofa aus einem halben Meter Abstand: die Form, die Farbe, die Umrisse. Welche Gefühle kommen dir jetzt in den Sinn? Welche Gedanken? Welche Körperempfindungen? Gelingt es dir, einfach nur wahrzunehmen?

Nice to know!

NICHT WERTEN, JETZT SEIN

Eine der in der Forschungsliteratur am häufigsten zitierten Definitionen für Achtsamkeit stammt von dem Amerikaner Jon Kabat-Zinn, dem Begründer der MBSR (Mindful-Based Stress Reduction). Ihm zufolge ist Achtsamkeit eine bestimmte Form der Aufmerksamkeit, die »nicht wertend (ist) und sich auf den gegenwärtigen Moment bezieht anstatt auf die Vergangenheit oder die Zukunft«.

GLÜCKSMOMENTE KULTIVIEREN!

»Es gibt keinen Weg zum Glück. Glücklich sein ist der Weg.« Diese Worte von Buddha bringen es auf den Punkt. Glück ist immer da! In stressigen Zeiten nehmen wir es bloß nicht wahr. Trotzdem sind die Samen als verborgene Kraft bereits in dir angelegt. Achtsamkeit hilft dir, das Glück wachsen zu lassen – um es dir selbst und der Welt zu schenken.

Schreibe auf, wie du die Samen deines Glücks bewässern kannst:

1. Ich möchte die Natur bewusster genießen, wenn ich mit meinem Hund Gassi gehe, anstatt diese Zeit als Pflichtübung zu absolvieren.

2. _____

_____

_____

3. _____

_____

_____

4. _____

_____

_____

5. _____

_____

_____

ACHTSAMKEIT ÜBEN

Die Achtsamkeitspraxis wird in zwei Bereiche unterteilt:

Formelle Praxis:

Dies sind Meditationen im Sitzen und Gehen. Sie bilden den Kern der traditionellen Achtsamkeitspraxis. Bei der Sitzmeditation wird die Aufmerksamkeit auf den Atem, die Körperempfindungen, die Gedanken und die Gefühle gerichtet. Bei der Gehmeditation geht man – ohne ein bestimmtes Ziel.
Dauer: 20–40 Minuten.
Diese Übungen sind im Heft die mittelschweren (★★).

Informelle Praxis:

Sie meint die Kultivierung der Achtsamkeit bei allen Tätigkeiten im Alltag.
Dauer: von Moment zu Moment.
Diese Übungen sind im Buch die einfachen (★) und die intensiven (★★★).

 ## ERKENNE DICH SELBST!

Es gibt Situationen in deinem Leben, in denen du bereits achtsam bist!

Zähle hier bitte auf, wobei du ganz im Hier und Jetzt bist:

1. Wenn ich Tango tanze

2. _____

3. _____

4. _____

▶ Durch diese Situationen weißt du bereits, wonach Achtsamkeit schmeckt: nach Leichtigkeit, Freude und innerer Zufriedenheit.

DIE ATEMMEDITATION

Die Sitzmeditation ist das Herzstück der formellen Achtsamkeitspraxis. Du wirst schnell merken, warum. Denn wenn du mit deiner ganzen Konzentration auf den Atem meditierst, erschließen sich dir dein Körper, deine Gedanken, deine Gefühle völlig unverstellt!

Wähle eine Sitzhaltung, in der du 30 oder 40 Minuten bleiben kannst. Schließe die Augen und richte deine Aufmerksamkeit auf deinen Atem, ohne ihn zu verändern. Wenn Gedanken dich wegtragen, dann hole dich wieder zurück. Mache dir danach Notizen:

• Wie hat sich dein Atem angefühlt?
• Wo hast du ihn gespürt?

Atemqualität	Atembewegung
Flach	Nasenflügel
Kurz	Bauch

AUF FORSCHUNGSREISE GEHEN

Welche Qualitäten durchläuft dein Atem, wenn du ihn eine Woche lang jeden Tag zehn Minuten lang bewusst wahrnimmst, ohne ihn zu verändern?

Tag	Atemqualität
Montag	z.B. zuerst flach, später tiefer
Dienstag	z.B. weich ...
Mittwoch	
Donnerstag	
Freitag	
Samstag	
Sonntag	

DEIN ATEM HILFT DIR

Die Achtsamkeit auf den Atem zu richten ist eine der ältesten und bewährtesten Methoden in der Achtsamkeitspraxis. Sie wird auf Buddha selbst zurückgeführt. Diese Methode dient dazu, den Geist zu sammeln und entspannt und gleichzeitig aufmerksam auf ein Objekt zu richten. Diese einfache Übung bringt uns ganz in die Gegenwart und in die Fülle des augenblicklichen Erlebens.

Im Buddhismus dient diese Methode in der Hauptsache dazu, seine Geistesaktivitäten besser kennenzulernen und schließlich positiv zu beeinflussen. Dies geschieht zunächst, indem wir auch diejenigen Gedanken und Gefühle aufmerksam wahrnehmen, die uns an der Sammlung hindern und die in andere Richtungen wollen. Wir lernen zu unterscheiden, welche Gedanken uns wirklich helfen und welche nicht, und können entscheiden, welchen wir folgen wollen und welchen nicht. Dies führt zur Bildung einer bewussten Persönlichkeit.

SICH SELBST ZUR BLÜTE BRINGEN

Alle Dinge blühen auf, sobald wir ihnen Achtsamkeit schenken. Sobald wir sie vernachlässigen, verlieren sie ihren Glanz oder gehen kaputt. Wir tun deshalb gut daran, unseren Körper, unsere Beziehungen zu anderen Menschen und die Natur zu schätzen und zu pflegen.

MEIN PERSÖNLICHES ZIEL

Schreibe spontan auf, warum du kurzfristig (k), mittelfristig (m), langfristig (l) gerne achtsam werden möchtest:

1. Rückenschmerzen loswerden (k)

2. Stressresistent werden (l)

3. _____

   _____

4. _____

5. _____

6. _____

7. _____

8. _____

9. _____

10. _____

 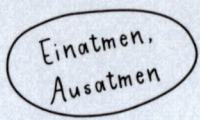

DEN ATEM ERFORSCHEN

Wir alle leben meist so, als sei der jetzige Moment ein Hindernis, dabei ist er ein Tor zum Glück und zur inneren Freiheit. Nutze deinen Atem als Schlüssel, dir dieses Tor zu öffnen. Gleich jetzt!

Wie ist es jetzt gerade, wenn du dich auf deinen Atem konzentrierst?

_____

_____

Kannst du dich daran erinnern, wie es war, als du deinen Atem zum ersten Mal ganz bewusst wahrgenommen hast?

_____

_____

Wie ist deine Atmung, wenn du dich länger auf sie konzentrierst?

_____

_____

»EINS«, »ZWEI«, »DREI« …

Nimm dir für diese Übung 30 oder 40 Minuten Zeit.

1. Komme in eine aufrechte Sitzhaltung: Der Rücken ist gerade, die Füße berühren den Boden. Das Kinn ist nach Möglichkeit leicht zur Brust gezogen, die Hände ruhen auf den Oberschenkeln.

2. Schließe die Augen und konzentriere dich auf deine Atmung, ohne sie zu verändern. Nimm wahr, wie der Atem durch die Nase ein- und ausströmt.

3. Wenn du einatmest, sage innerlich: »Eins«.

4. Atme dann aus.

5. Wenn du das nächste Mal einatmest, sage: »Zwei«.

6. Zähle so bis zehn und fange dann wieder von vorne an.

Deine Gedanken werden abschweifen. Sobald du dies bemerkst, hast du gewonnen! Dann bist du achtsam!
Fange dann wieder von vorne an: Einatmen – »Eins«. Ausatmen ….

DAS PLASTISCHE GEHIRN

Wissenschaftler haben erforscht, dass sich unser Gehirn ständig durch das verändert, was wir tun. Wann immer wir etwas Neues dazulernen, bilden sich neuronale Verknüpfungen. Ähnlich wie Muskeln durch entsprechendes, regelmäßiges Training aufgebaut werden, so formen wir unser Gehirn durch bestimmte Übungen und Erfahrungen.

Mehr noch: Wir sind sogar in der Lage, unsere Stimmung gezielt zu beeinflussen. Achtsamkeitsübungen fördern solche Botenstoffe, die uns glücklicher machen. Indem wir die Achtsamkeitsübungen machen, werden bestimmte Areale im Gehirn aktiviert, durch die wir langfristig ausgeglichener, zufriedener und erfüllter werden. Je öfter die Neuronen unseres Gehirns aktiviert werden, desto sicherer ist eine dauerhafte neuronale Verbindung. Glücksgefühle sind also kein Zufall, sondern die Folge von den richtigen Übungen, achtsamen Gedanken und Handlungen.

NEUES LERNEN UND TRAINIEREN

Notiere, wie du Achtsamkeit nachhaltig in dein Leben integrieren willst. Lass dich dabei durch die Seiten 9–15 inspirieren.

1. _____

2. _____

3. _____

4. _____

5. _____

6. _____

BODYSCAN

1. Setze dich aufrecht auf einen Stuhl. Beginne nun, deinen ganzen Körper von oben bis unten und auch von innen mit einer imaginären Taschenlampe abzuscannen und zu durchleuchten.

2. Beginne mit der Schädeldecke, dann innerhalb der Stirn langsam von einer zur anderen Seite. Dann die linke Augenbraue. Weiter einen Kreis um das linke Auge. Einen Kreis um die Nase. Weiter zur rechten Augenbraue und das rechte Auge umkreisen.

3. Die äußeren Ränder der Oberlippe, den äußeren Rand der Unterlippe. Die Zähne. Angefangen links oben: jeden einzelnen Zahn der oberen Zahnreihe. Dann rechts unten anfangen und die ganze untere Zahnreihe durchgehen, bis du am äußersten linken Backenzahn angekommen bist.

4. Dann scannst du dich weiter den Hals herunter bis zum Schultergürtel und hier von einer Schulter zur anderen.

5. Danach umkreise die linke Brustseite von innen, dann die rechte Brustseite, das Herz, den Magen, die Rippenbögen und den Bauchnabel.

6. Anschließend gehst du den Rücken von oben bis unten horizontal Stück für Stück durch.

7. Dann geht's weiter zur linken Hüfte, umkreise den Hüftknochen und gehe das linke Bein hinunter. Umkreise das Knie und bewege dich weiter hinunter zu den Füßen. Umkreise den Fuß und dann den ganzen Fuß an der Außenseite der Zehen.

8. Danach fährst du das ganze Bein wieder hoch und wiederholst das Gleiche mit dem rechten Bein.

9. Wenn du fertig bist mit dem rechten Bein, lass die imaginierte Taschenlampe los und bleibe noch drei bis vier Minuten mit der Konzentration bei der Atmung. Beobachte achtsam, wie sich der Bauch hebt und senkt. Öffne danach wieder die Augen.

 **WO IST WAS?**  Guck mal!

Dein Körper ist ein wahres Wunderwerk! Er arbeitet rund um die Uhr für dich! Kennst du ihn gut? Sich bewusst zu machen, wo die einzelnen Organe sitzen und wofür sie zuständig sind, ist eine gute Möglichkeit, um deine Achtsamkeit für den eigenen Körper zu sensibilisieren.

Vervollständige nun die Begriffe und überlege dann, wofür das jeweilige Organ in deinem Körper zuständig ist. Informiere dich, wenn du glaubst, zu wenig darüber zu wissen.

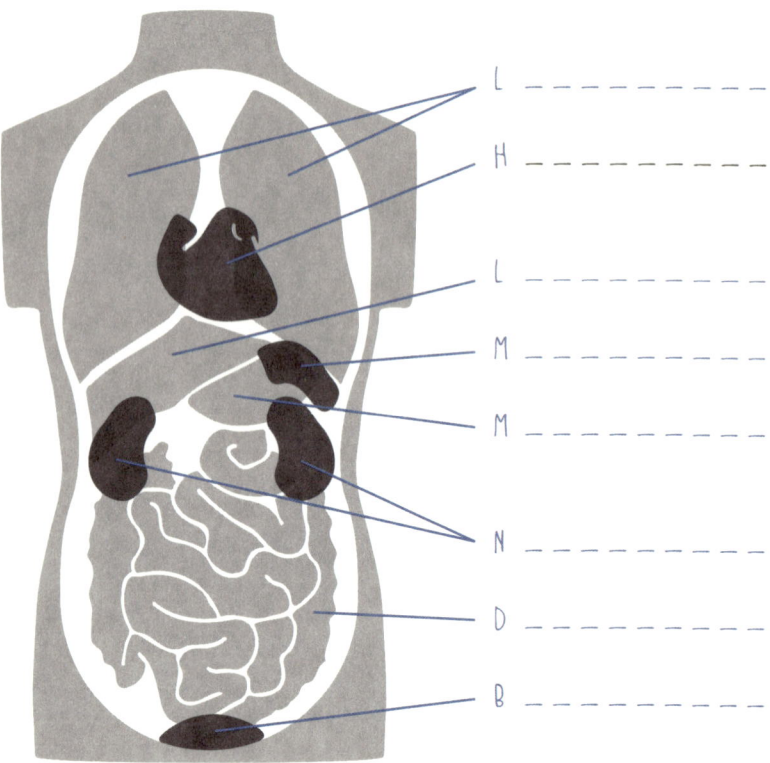

L _ _ _ _ _ _ _ _ _ _

H _ _ _ _ _ _ _ _

L _ _ _ _ _ _ _ _ _ _

M _ _ _ _ _ _ _ _

M _ _ _ _ _ _ _ _

N _ _ _ _ _ _ _ _

D _ _ _ _ _ _ _ _

B _ _ _ _ _ _ _ _

▶ Auflösung:

Lunge, Herz, Leber, Milz, Magen, Nieren, Darm, Blase

DIE FREUDE DES SEINS

Wir hetzen häufig durch unser Leben und erleben es dann wie ferngesteuert. Dabei sind wir ein Teil von ihm – doch dies ist uns meistens gar nicht mehr bewusst. Die Achtsamkeit stellt diese Verbindung wieder her. Wenn du das nächste Mal in einer Schlange anstehst, zum Beispiel im Supermarkt an der Kasse, dann nutze diese Zeit, um deine ganze Aufmerksamkeit auf das Wunder deines Körpers im gegenwärtigen Moment zu konzentrieren. Das heißt, jetzt wartest du nicht mehr, sondern verbringst diese Zeit ganz achtsam im Hier und Jetzt – und nimmst jeden einzelnen Körperteil ganz bewusst wahr: Kopf, Hals, Brust, Schultern und oberer Rücken, Arme, Hüften, Oberschenkel, Waden und Füße. Atme dabei je dreimal tief und achtsam in den jeweiligen Bereich, ohne dabei etwas verändern zu wollen.

Wie erlebst du diese Minuten, in denen du nicht mehr anstehst, sondern einfach »bist« – und zwar ganz präsent im Körper? Notiere deine Erfahrungen:

ZAHNPUTZMEDITATION

Zahn für Zahn!

Bei möglichst vielen Dingen achtsam bei der Sache zu sein, geht natürlich nicht von heute auf morgen. Bleibe also geduldig mit dir! Suche dir am besten eine Sache aus, die du während der nächsten Tage achtsam machst. Du wirst so begeistert sein, dass du bestimmt kontinuierlich praktizierst.
Wie wär's, wenn du mit dem Zähneputzen beginnst? Das tun wir alle, und zwar regelmäßig morgens und abends.
Immer, wenn du dir ab heute die Zähne putzt, bleibe mit deiner ganzen Aufmerksamkeit dabei. Moment für Moment!

Welche Erfahrung machst du, wenn du mit ungeteilter Aufmerksamkeit beim Zähneputzen bist? Schreibe auf, was neu daran ist:

1. Ich nehme jeden Zahn bewusster wahr.

2. _____

3. _____

4. _____

5. _____

6. _____

7. _____

8. _____

SECHZIG KLICKS

Neurowissenschaftler haben nachgewiesen, dass es mindestens 60 bewusster Impulse für eine dauerhafte Verhaltensveränderung bedarf.

Du musst achtsames Denken und Handeln also etwa 60-mal wiederholen, bis es dir in Fleisch und Blut übergegangen ist. Sei dir deshalb nicht böse, wenn es nicht sofort klappt, achtsam zu sein. Bleibe geduldig mir dir!

ACHTSAM GEHEN

Die Gehmeditation spielt in der Achtsamkeitspraxis eine zentrale Rolle. Weshalb? Unweigerlich bringt sie dich ins Hier und Jetzt! Ist dir schon einmal aufgefallen, dass du in stressigen Situationen viel schneller gehst als sonst? Hast du bemerkt, dass du auch dann noch schnell gehst, wenn der Stress vorbei ist? Hast du schon einmal daran gedacht, dass deine jeweilige Gangart dir widerspiegelt, wie du dein Leben führst?

Wie gehst du, wenn du gehst?
Gib dir fünf Minuten. Gehe einfach!
Notiere danach deine Erfahrung:

_____

_____

_____

_____

_____

_____

 ★ ★ ★ # DAS GRAS UNTER DEINEN FÜSSEN

Geh doch!

Gehe auf einer Grünfläche, einer Wiese oder in einem Park oder in deinem eigenen Garten 20 Minuten lang immer wieder 20 Schritte ganz achtsam auf und ab. Sei offen für alle Wahrnehmungen, die du dabei hast. Wie fühlt sich etwa der Boden unter deinen Füßen an?
Welche Erfahrungen machst du, wenn du in dieser Art gehst?

Notiere danach, was du erlebt hast:

1. Ich denke mir, dass es total komisch aussieht, wenn ich so gehe.

2. Nach ein paar Minuten komme ich in einen ruhigen Rhythmus.

3. _

_ _

_ _

4. _

_ _

_ _

5. _

_ _

_ _

▶ Wiederhole die Gehmeditation an fünf Tagen hintereinander. Verändern sich deine Wahrnehmungen? Schreibe nun differenzierter auf, was du jeweils gedacht und körperlich empfunden hast.

	Gedanken	Gefühl	Körper-empfindung
Beispiel	Irgendwie lächerlich, so langsam zu gehen	Unwohlsein	Kühle unter der Fußsohle
Tag 1			
Tag 2			
Tag 3			
Tag 4			
Tag 5			

 # VERANKERE DICH IM MOMENT

Diese Übung holt dich unmittelbar in deinen Körper zurück. Sie verankert deinen Geist in den Sitzhöckern. Dadurch können deine Gedanken nicht mehr so leicht in der Vergangenheit und Zukunft umherschwirren. Stattdessen bist du körperlich vollkommen präsent.

1. Setze dich aufrecht auf einen Stuhl. Die Füße sind parallel aufgestellt – verwurzele sie gedanklich im Boden. Richte deine Wirbelsäule auf und nimm bewusst Kontakt mit der Rücklehne, der Unterlage und den Füßen auf.
2. Mache dir den Körper als Ganzes bewusst, der in Kontakt mit dem Boden und dem Stuhl ist. Gehe dann mit deiner Aufmerksamkeit zur Unterlage. Lege deine Hände unter das Gesäß, sodass du die Sitzhöcker ganz bewusst wahrnimmst.
3. Wenn der Kontakt hergestellt ist, nimm die Hände wieder weg und lass dich dann noch bewusster auf dem Stuhl oder der Unterlage nieder. Stelle dir dabei vor, wie sich deine Sitzhöcker durch die Unterlage in die Erde bohren und sich mit ihr verankern.

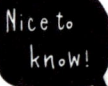

ANTI-STRESS-MITTEL

Achtsamkeitsübungen wirken sich günstig auf den Körper aus. Einige Forschungen zeigen, dass Probanden nach einer Achtsamkeitsübung mehr Antikörper im Blut aufwiesen. In anderen Studien empfanden Schmerzpatienten Beschwerden als weniger belastend, wenn sie eine achtsame Haltung einübten. Und es gibt sogar Hinweise darauf, dass Achtsamkeit hilft, den Blutdruck zu regulieren. So wiesen Teilnehmer in einem Experiment nach einer stressigen Aufgabe viel schneller wieder einen normalen Blutdruck auf, die vorher an einer Achtsamkeitsmeditation teilgenommen hatten, im Gegensatz zur Vergleichsgruppe ohne diese Meditationsübung.

LIEGEN STATT SCHWEBEN

Es gibt wahrscheinlich auch in deinem Leben Zeiten, in denen der Stress dir den Schlaf raubt. Du wälzt dich von Seite zu Seite, schwebst mehr über der Matratze, als darauf zu liegen, weil dir so viele Gedanken durch den Kopf gehen.
Das alles muss nicht sein. Die Achtsamkeit hilft dir dabei, dich nachts in deiner Ruhephase wieder in deinen Körper zurückzuholen, statt in Gedanken bereits im Büro zu sitzen und all das Liegengebliebene aufzuarbeiten.

Nutze jede Nacht als eine Zeit für deine Erholung, der Entspannung und der Regeneration von Körper, Geist und Seele.

1. Lege dich dafür ganz entspannt auf deine Matratze und nimm die Unterlage ganz bewusst wahr. Konzentriere dich darauf, wie du liegst und wo du genau mit dem Boden Kontakt hast. Lege eine Hand auf dein Herz und eine auf den unteren Bauch. Atme in den unteren Bauch ein – und wieder aus. Nimm achtsam wahr, wie sich die Bauchdecke hebt und senkt. Lass den Ausatem länger werden als den Einatem.

2. Wenn du in Gedanken wieder zu den Erledigungen am nächsten Tag abschweifst, dann hole dich wieder liebevoll und achtsam zurück. Lass zwischen dem Ausatem und dem Einatem eine kurze Pause entstehen. Diese Pausen beruhigen das Nervensystem. Entspanne dich!

3. Zähle die Atemzüge von eins bis zehn. Wenn du bei zehn angekommen bist, fange wieder von vorne an. So lange, bis du müde wirst und wieder schlafen kannst.

IMMER SCHÖN POSITIV

Erwiesenermaßen haben wir die Tendenz, negative Gedanken zu produzieren und uns Sorgen zu machen oder unbegründete Ängste zu schüren. Wissenschaftlich erwiesen wurde darüber hinaus, dass unsere Gedanken uns krank machen können und uns umgekehrt helfen können, uns mental zu entspannen. Die positive Kraft der Gedanken lässt Schmerzen abflauen und lindert Krankheiten.

 # GEDANKENMEDITATION

Du kannst vielleicht Gedanken nicht abstellen, aber du hast die Freiheit, diese Stimmen zu ignorieren. Du hast die Freiheit, einfach nicht auf sie zu hören. Mit Achtsamkeit beginnt so dein Seelenfrieden.

1. Setze dich aufrecht und innerlich zentriert auf einen Stuhl, sodass du die nächsten 30 Minuten gut in dieser Haltung bleiben kannst.

2. Konzentriere dich auf deine Atmung. Nimm wertfrei wahr, wie der Atem in den Körper einströmt und ihn wieder verlässt.
   Wenn Gedanken auftauchen und du dich in ihnen verlierst, bringe deine Aufmerksamkeit zum Atem zurück. Lösen sich Gedanken nicht sofort auf, etikettiere sie innerlich sanft mit: »denken, denken« – und kehre mit der Aufmerksamkeit wieder zurück zum Atem. Mache ihn zu deinem Anker und fahre so fort, bis die Meditationszeit vorüber ist.

ZWISCHENRÄUME WAHRNEHMEN

Lege das Heft beiseite und schaue dir den Raum an, in dem du dich gerade befindest. Hast du schon einmal bewusst deinen Blick auf die Zwischenräume gerichtet, die sich dort befinden? Den Raum zwischen zwei Bildern? Zwischen zwei Fenstern? Normalerweise richten wir unsere Aufmerksamkeit auf die Objekte, die sich in einem Zimmer befinden, aber selten auf den Raum dazwischen. Wie verändert sich die Wahrnehmung des Raumes, wenn du deinen Blick achtsam auf die Zwischenräume richtest?

Wo sonst gibt es Dinge, die du achtsam wahrnehmen und betrachten kannst?

Schreibe auf, was dir dazu einfällt, und untersuche diese Zwischenräume:

Den Raum zwischen zwei Bäumen.

... zwischen der Erde und den Wolken.

... zwischen zwei Fußspuren auf dem Boden.

DEN WEG DER INNEREN KRAFT GEHEN

Achtsamkeit beginnt dort, wo die Bequemlichkeit aufhört. Sie bringt dich zu dir selbst zurück. Dadurch erwächst dir wahre Kraft aus deinem Inneren. Kraft definiert sich nicht über die Stärke deiner Muskeln, sondern zeigt sich vielmehr in deiner Achtsamkeit, deinen Gedanken, deiner Zuversicht und zuletzt in deinem Vertrauen darauf, dass diese wirkt.

Hast du schon ein Erfolgserlebnis mit den Übungen gehabt? Schreibe auf, in welchen Bereichen der achtsame Umgang mit deinen Gedanken bereits etwas in deinem Leben verändert hat:

\
\
\
\
\
\
\
\
\

⟩ Übungsalternative ⟨

Notiere auf einem extra Blatt, wo der achtsame Umgang mit deinen Gedanken bereits etwas Neues in dir und deinem Leben angestoßen hat.

MEDITATION AUF EIN OBJEKT

Konzentriere dich für die nächsten fünf bis zehn Minuten auf eine Kerze oder eine Blume. Nimm nach Möglichkeit immer das gleiche Objekt. Nimm sie einfach nur achtsam, das heißt wertfrei mit offenem Gewahrsein wahr. Sobald du bemerkst, dass du abschweifst, hole dich wieder zurück und richte deine Aufmerksamkeit auf das Objekt. Mache eine Liste und notiere jedes Mal einen Strich, wenn du bemerkt hast, dass du mit den Gedanken abgedriftet bist. Belohne dich am Ende der Übung dafür, dass du bemerkt hast, wenn du abwesend warst. Das ist viel wichtiger, als sich dafür zu verurteilen, dass du dich in deinen Gedanken verloren hast.

▶ Wiederhole diese Übung ein paar Tage lang. Verändert sich deine Fähigkeit, achtsam bei der Betrachtung der Kerze zu bleiben, mit zunehmender Übung?

Meine Erfahrungen:

Tag 1 _ _ _ _ _ _ _ _ _ _ _ _ _ _ _ _ _ _ _

Tag 2 _ _ _ _ _ _ _ _ _ _ _ _ _ _ _ _ _ _ _

Tag 3 _ _ _ _ _ _ _ _ _ _ _ _ _ _ _ _ _ _ _

Tag 4 _ _ _ _ _ _ _ _ _ _ _ _ _ _ _ _ _ _ _

Tag 5 _ _ _ _ _ _ _ _ _ _ _ _ _ _ _ _ _ _ _

Tag 6 _ _ _ _ _ _ _ _ _ _ _ _ _ _ _ _ _ _ _

Tag 7 _ _ _ _ _ _ _ _ _ _ _ _ _ _ _ _ _ _ _

Volle Konzentration!

DER ERDE ETWAS GUTES TUN

Wenn wir achtsamer werden, erkennen wir, was für ein großes Geschenk die Erde für uns ist mit ihren blühenden Bäumen und Blumen, der wärmenden Sonne, strömenden und stillen Gewässern, malerischen Landschaften und wunderbaren Ausblicken in die Natur. Sie können uns jeden Tag begegnen, wenn wir ihnen nur die entsprechende Aufmerksamkeit schenken.

Warum solltest du nicht auch der Erde – deinem Heimatplaneten – nicht mal von Zeit zu Zeit etwas Gutes tun?

Suche deshalb jeden Tag nach einer Möglichkeit, einen Platz, einen Park, einen Grünstreifen oder eine Wiese sauberer zu hinterlassen, als du sie im Vorbeigehen vorgefunden hast. Du wirst erstaunt sein, wie viel du mit kleinen liebevollen und reinigenden Gesten dazu beitragen kannst, die Erde zu einem lebenswerteren Planeten zu machen.

Notiere, was du gefunden und entsorgt hast:

1. Eine Plastikflasche auf der Wiese im Park

2. Eine Brottüte neben dem Mülleimer am Straßenrand

3. _____

_____

4. _____

_____

5. _____

_____

6. _____

_____

HALTUNG BEWAHREN

Untersuchungen haben gezeigt, dass Verspannungen im Schulter- und Nacken-bereich auf eine ungünstige – meist sitzende – Körperhaltung zurückzuführen sind. Auch Probleme im Lendenwirbelbereich resultieren davon, wenn wir ge-krümmt vor dem PC sitzen. Das alles muss nicht sein! In dem Moment, in dem du dir deiner eigenen Haltung bewusst wirst und darauf achtest, dass du einen auf-rechten Rücken und entspannte Schultern hast, tust du dir selbst etwas Gutes!

Werde dir über den Tag verteilt immer wieder deiner eigenen Körperhal-tung im Sitzen oder Stehen bewusst:
- Wie sitzt du am Frühstückstisch?
- Wie hältst du dich, wenn du vor dem PC sitzt?
- Wie stehst du da, wenn du dich mit einem anderen Menschen unterhältst?
- Wie fühlt sich dein Körper an, wenn du mit gekrümmtem Rücken sitzt oder mit eingeknickter Hüfte stehst?
- Wie verändert sich die Wahrnehmung von dir selbst, wenn du dich in eine würde-volle und aufrechte Haltung begibst?

Wartezeiten in der Schlange, aber auch Gespräche mit Freunden und Kollegen sind ein guter Zeitpunkt, um sich der eigenen Haltung bewusst zu werden. Körper und Geist wirken zusammen – sie sind wechselseitig voneinander abhängig. Wenn deine Stimmung schlecht ist, dann wirst du keine würdevolle Haltung ausstrahlen. Strahlst du hingegen über deinen Körper eine würdevolle Haltung aus, so kann es die schlechte Stimmung vertreiben. Probiere diese Übung besonders an einem solchen Tag aus, an dem du schlechte Laune hast.

> Nice to know!

DU BIST EIN BUDDHA!

Eine spanische Redensart besagt: »Einen Priester erkennt man auch noch in der Badehose.« Damit gemeint ist, dass man einen spirituellen oder religiösen Menschen schon alleine an seinem Auftreten erkennt, die seine geistige Hal-tung widerspiegelt. Eine buddhistische Redensart sagt: »Stell dir vor, du bist ein Buddha.« Dann wird sich deine Körperhaltung automatisch verändern und du wirst würdevoll gehen und stehen.

 ★ ★ ★ # IMMER SCHÖN LOCKER BLEIBEN

Fühlst du dich gestresst, wenn du im Yoga- oder Fitnessstudio auf den Nachbarn schaust und er die Übungen viel eleganter, leichter und entspannter macht als du? Lass den Konkurrenzkampf los, entspanne dich im Sinne der Achtsamkeit und komme mit deiner Aufmerksamkeit zu dir zurück. Es geht nicht darum, etwas zu erreichen, besser zu machen oder besonders gut zu sein. Nimm einfach nur wahr, was dir guttut und wie du dich am besten auf der Yogamatte entspannst.

- Was passiert, wenn du Yoga oder ein anderes Wohlfühlprogramm für dich einfach achtsam seiner selbst wegen machst und den Leistungsdruck zu Hause lässt?
- Wie wohltuend ist es, wenn du dich mal ganz auf dich selbst konzentrierst und jeglichen Gedanken an »höher«, »besser« oder »weiter« loslässt und stattdessen einfach nur mal die Übung machst, die gerade ansteht?
- Wie fühlt es sich an, wenn du dich nicht andauernd anklagst, weil du nicht so superdehnbar bist?

Notiere hier deine Erfahrungen dazu:

WACH SEIN!

Leben im Hier und Jetzt – wie kann das gelingen, ohne dass deine Gedanken wilde Kapriolen schlagen? Die Achtsamkeit hilft dir dabei! Achtsam zu sein heißt wahrzunehmen, was gerade im Moment passiert. Und das alles, ohne zu werten. Es ist der erste Schritt, dich wieder mit deinen Sinnen und mit dem Wunder des Lebens zu verbinden. Du kannst gleich starten!

Wie oft hast du heute in Gedanken dich oder andere Menschen verurteilt, bewundert, kritisiert oder wertgeschätzt?

1. _

2. _

3. _

▶ Fällt dir auf, dass jegliche Bewertungen ganz oft unbewusst aus dir heraussprudeln? Die Praxis der Achtsamkeit lässt dich diesbezüglich bewusster werden. Durch sie lernst du, innerlich einen Schritt zurückzutreten und offen für das zu werden, was dir begegnet. Durch eine solch wertfreie Haltung erfährst du möglicherweise etwas ganz Neues über dich selbst und andere Menschen.

Kleiner Tipp:
Schließe einfach die Übung auf der nächsten Seite an!

LÜCKEN FINDEN!

Entdecke deinen inneren Raum, indem du Lücken zwischen den einzelnen Gedanken erzeugst. Diese finden sich besonders leicht zwischen Ausatmung und Einatmung. Ohne diese Unterbrechungen wiederholen sich die Gedanken ständig. Überdies sind sie ohne Inspiration und Kreativität. Sie taugen wirklich zu überhaupt nichts!

Finde nun das schmale Tor zwischen dem Ausatem und dem Einatem, diese klitzekleine Lücke zwischen zwei Gedanken. Reduziere dein Leben auf diesen jetzigen Moment. Wann immer du kannst, schaffe jenen Raum zwischen zwei Gedanken, der tiefer und weiter ist als dein Alltag. Sei achtsam für diese Lücken. Ihnen wohnt Neues inne! Sie können dein ganzes Leben verändern.

Lege das Heft für ein paar Minuten zur Seite.

Welche Erfahrung machst du, wenn du jenen gedankenlosen Raum in dir findest? Schreibe es hier auf:

WER SCHAUT?

Setze dich für 30 Minuten in eine aufrechte Position und schließe die Augen. Stelle dir vor, dass du einen inneren Beobachter hast, der dich aus etwas Distanz betrachtet. Er nimmt wahr, wie du jetzt mit deiner Aufmerksamkeit zu deiner Atmung gehst – und bleibe hier. Er bemerkt, wenn Gedanken auftauchen, die sich nicht sofort wieder auflösen, und benennt sie mit »denken, denken«. Wenn du mit der Zeit etwas geübter bist, kann dein innerer Beobachter sie auch schon etwas differenzierter benennen: »planen, planen« oder »erinnern, erinnern« oder »grübeln, grübeln«.

Dein innerer Beobachter hilft dir, etwas Abstand vom Inhalt all dieser Gedanken zu bekommen.

RAUS AUS DER NEGATIV-SPIRALE

Wir wissen, dass positive Gedanken besser für uns sind. Trotzdem finden wir häufig nicht aus der Spirale der negativen Gedanken heraus. Das hat einen Grund: Forschungen haben gezeigt, dass wir Menschen über ein sogenanntes »katastrophisches« Gehirn verfügen. Es registriert mehr negative Dinge als positive. In Urzeiten war dieser Mechanismus überlebensnotwendig, da man so Gefahren rechtzeitig entdecken und antizipieren konnte. Heute führt uns der gleiche Mechanismus leicht in Dauerstress. Achtsamkeit hilft dir, negative Gedanken als solche zu erkennen und dich nicht krank machen zu lassen.

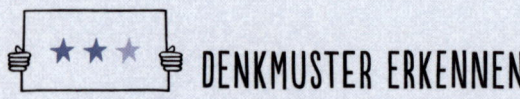

DENKMUSTER ERKENNEN

Denkmuster lassen sich nicht von heute auf morgen verändern. Das braucht Zeit. Der Auftakt zur Veränderung ist zu erkennen, wie du denkst.

Kreuze im Folgenden die Aussagen an, zu denen du sagst: »3 trifft immer zu, 2 trifft manchmal zu, 1 trifft selten zu, 0 trifft nie zu.«

	3	2	1	0
Ich nehme Ratschläge gern an, besonders wenn sie von jemandem kommen, der positive Erfahrungen damit gemacht hat.				
Ich kann mich auf neue Situationen einstellen.				
Ich stehe fremden Menschen und anderen Kulturen unvoreingenommen gegenüber.				
Ich betrachte mein Leben als einen ständigen Lern-prozess.				
In fremden Betten schlafe ich genauso gut wie in meinem eigenen.				
Ich habe große Freude daran, Neues zu lernen.				
Ich schaue mir ein und denselben Film nie zweimal an.				
Meine Beziehungen zu Kollegen, Mitarbeitern und Kun-den haben sich in den letzten Jahren positiv verändert.				
Ich finde es gut, wenn Menschen im Alter Neues lernen, um ihren Geist wach zu halten.				
Ich habe große Freude daran, Dinge in der Tiefe zu erforschen und Zusammenhänge zu erkennen.				
Ich bin bereit, Kritik von meiner Familie und von meinen Freunden anzunehmen.				

▶ Auswertung:

0 – 17 Punkte: Dein Geist tut sich mit Veränderungen schwer. Darum wird es dir wahrscheinlich schwerfallen, dranzubleiben. Aber bitte vergiss nicht, dass Wandlungen zum Leben gehören. Sie sind zwangsläufig Bestandteil des Lebens, wenn du mehr Achtsamkeit darin haben möchtest. Und trotzdem: Überfordere dich nicht! Mache nicht zu viele Übungen auf einmal. Gehe lieber Schritt für Schritt. Nur dann gelingt es dir, die Achtsamkeit langfristig und wirksam in dein Leben zu integrieren.

18 – 24 Punkte: Du bist neugierig und offen. Gleichzeitig fühlst du dich wohl, wenn alles in strukturierten Bahnen verläuft und du weißt, was auf dich zukommt. Beginne deshalb mit den Achtsamkeitsübungen, die du als festes Ritual in dein Leben integrieren kannst. Dann wirst du nach und nach entdecken, dass jeder Moment voll positiver Überraschungen ist und du nicht alles kontrollieren musst.

25 – 30 Punkte: Du hast gelernt, dass das einzig Beständige im Leben der Wandel ist. Dein Geist ist schnell und flexibel. Deshalb reagierst du positiv auf neue Situationen und kannst sie dementsprechend schnell in dein Leben integrieren. Die meisten Übungen werden dir wahrscheinlich viel Spaß machen. Aber auch für dich gilt: Weniger ist mehr! Überfordere dich nicht und mache lieber drei Übungen kontinuierlich als acht Übungen engagiert vier Wochen lang, bevor dir die nächste Methode ins Auge springt.

GUT. SCHLECHT. NEUTRAL.

Buddha hat sich intensiv mit der Ursache für das menschliche Leid beschäftigt. Er sah es unter anderem in der Identifikation mit unseren Gefühlen. Er unterteilte die grundlegenden Emotionen in drei Kategorien – angenehm, unangenehm, neutral. Sie stellen die Basis für jede Erfahrung dar, weil sie Gedanken, Gefühle und Reaktionen nach sich ziehen. Erfahrung, auf die wir gefühlsmäßig neutral reagieren, beachten wir nicht weiter und denken nicht lange darüber nach. Unangenehme Erlebnisse wollen wir so schnell wie möglich beenden, umgehen, reduzieren oder vermeiden, weil sie Angst, Unbehagen, Wut, Ekel oder Furcht in uns auslösen. Angenehme Erfahrungen möchten wir festhalten, wiederholen, intensivieren oder verlängern.

GELASSENHEIT ENTWICKELN

1. Nimm nun das Gefühl in deinem Körper wahr, das dir jetzt gerade bewusst wird, ohne dich dagegen zu wehren. Bleibe ganz gelassen für alles das, was da im Moment auftaucht.

2. Wo genau im Körper kannst du dieses Gefühl wahrnehmen?

3. Benenne das Gefühl, ohne dich damit zu identifizieren.

4. Nimm das Gefühl weiter wahr, ohne dich darin zu verlieren.

5. Lenke deine Aufmerksamkeit auf deine Atmung und bleibe so lange bei ihr, bis sich wieder ein Gefühl in deinem Körper bemerkbar macht.

FÄRBUNGEN SPÜREN

Beobachte deine Gefühle in all ihren unterschiedlichen Nuancen über den Tag und kategorisiere deine Erfahrungen, indem du sie in die nachstehende Tabelle einträgst.

Angenehm	Unangenehm	Neutral
Das Duschen am Morgen. Warmes Wasser auf der Haut ist sehr angenehm.	Es regnet und ist nasskalt. Ich finde dieses Wetter total unangenehm.	Der Weg vom Parkplatz zum Büro. Ich finde ihn weder schön, noch stört er mich.

EINERSEITS – ANDERERSEITS

Durch die Praxis der Achtsamkeit lernst du, dass alles da sein darf, du dich aber nicht mit allem zu identifizieren brauchst. Es geht nicht darum, deine Gefühle zu unterdrücken oder zu versuchen, negative Emotionen durch positive zu ersetzen. Es geht darum, alles da sein zu lassen. Das erscheint dir vielleicht gar nicht so leicht? Stimmt! Es gibt einfach Sätze wie: »Man darf nicht wütend sein.« Sie führen unbewusst dazu, dass wir unsere Gefühle bereits früh unterdrückt haben und uns schwertun, sie einfach da sein zu lassen, ohne dass wir uns von ihnen überwältigt fühlen. Umgekehrt weißt du wahrscheinlich: Je unmittelbarer du ein Gefühl zulässt, desto schneller vergeht es auch wieder. Habe Mut! Wenn du dich nicht traust, dann überlege dir, welche Gefühle du nicht wahrhaben willst und warum.

Meine Liste der schwierigsten Gefühle:

1. _____

2. _____

3. _____

4. _____

5. _____

6. _____

7. _____

8. _____

9. _____

10. _____

Nice to know!

DAS GLÜCK EINLADEN

Im Durchschnitt verbringen wir Menschen in unserem Kulturkreis zusammen-gerechnet nur 30 Minuten pro Tag mit Glücksgefühlen. Den Rest der Zeit haben wir eher schlechte oder neutrale Gefühle. Zeit, etwas daran zu ändern.

MEDITATION MIT DEN GEFÜHLEN

1. Setze dich aufrecht und innerlich zentriert hin, sodass du die nächsten 30 Minuten gut in dieser Haltung bleiben kannst.

2. Konzentriere dich auf deine Atmung.

3. Nimm nun einfach nur wertfrei und mit offenem Gewahrsein wahr, wie dein Atem in den Körper einströmt und ihn wieder verlässt.

4. Wenn Gefühle auftauchen, bringe deine Auf-merksamkeit zum Atem zurück. Treten während der Meditation Gefühle auf, die sich nicht sofort auflösen, sobald du sie bemerkst, dann benenne sie. Sage innerlich sanft » fühlen, fühlen « – und wieder geht es zurück zum Atem.

GEFÜHLE BENENNEN

Du hast keine Zeit, 20 oder 40 Minuten zu meditieren? Keine Bange! Mache einfach eine dieser drei Miniübungen.

1. Richte deine Achtsamkeit nach dem Frühstück 3 Minuten auf deine Gefühle und benenne sie innerlich.
2. Richte deine Achtsamkeit jede Stunde 20 Sekunden auf deine Gefühle und nimm wahr, welches Gefühl gerade überwiegt.
3. Lege deine Hand achtmal über den Tag verteilt für 15 Sekunden auf deinen Bauch und nimm wahr, welche Gefühle aufsteigen.

Notiere, was du erlebt hast:

KÜCHEN-HIGHLIGHT

Jeder von uns weiß, wie gut wir uns bei Spaziergängen in der Natur regenerieren können. Wenn wir das Rauschen eines Baches hören, das Sonnenlicht über den Waldboden tanzen sehen, der Duft von Kiefern in der Luft liegt. Auch ein Glas Wein mit seinem fruchtigen Bouquet kann uns ganz in den gegenwärtigen Moment katapultieren.

Wir alle kennen diese vollkommenen Augenblicke: Wir sehnen uns nirgendwo anders hin, wir fühlen uns zu Hause. Dieses Hochgefühl stellt sich erwiesenermaßen auch gerne beim Kochen ein. Klar, denn achtsames Schnippeln, Schneiden und Zubereiten ist pure Freude für alle Sinne.

Öffne all deine Sinne für den Vorgang des Kochens. Wie fühlt sich die Möhre an, wenn du sie in die Hand nimmst? Wie ein Apfel? Wie riecht die Erdbeere, wenn du sie klein schneidest? Sei ganz wach für alles, was du jetzt über deine Sinne erlebst!

MIT ALLEN SINNEN

Im Zustand der Entspannung ist es wesentlich leichter, Gerüche und Düfte wahrzunehmen und diese zu unterscheiden, als wenn wir gestresst sind.

Nice to know!

 **DIE ROSINENÜBUNG**

In dieser Übung verbindest du dich mit deinen unmittelbaren sensorischen Empfindungen: Hören, Sehen, Riechen, Schmecken und Fühlen. Lass die Empfindungen einfach zu. Nimm dir 10 bis 15 Minuten Zeit.

Nimm eine Rosine in deine Hand. Lass alles los, was du über Rosinen weißt. Stelle dir vor, du kämst vom Mars und wurdest auf dem Planeten Erde abgesetzt. Deine Aufgabe lautet: Gegenstände auf der Erde zu erforschen. Du hast nie zuvor eine Rosine gesehen! Konzentriere dich vollkommen auf deine sinnliche Wahrnehmung:

- Nimm die Rosine in die Hand und schließe die Augen.
- Nimm ihre Temperatur und ihr Gewicht wahr. Halte sie zwischen Daumen und Zeigefinger.
- Nimm die Form und Beschaffenheit der Oberfläche wahr.
- Nimm ihre Konsistenz wahr.
- Rieche an ihr.
- Was passiert, wenn du sie an deine Lippen hältst?
- Öffne den Mund und lege sie auf deine Zunge. Was passiert genau?
- Nimm die Explosion der Sinne wahr, wenn du auf die Rosine beißt. Und nimm wahr, wie es sich anfühlt, wenn du sie runterschluckst.
- Spüre dem Geschmack nach. Wie verändert er sich?

Welche Qualitäten hast du festgestellt? Schreibe mindestens fünf verschiedene Eigenschaften auf:

1. _

2. _

3. _

4. _

5. _

VOM WEG UND ZIEL

Du wirst schnell merken, wie sich deine Fähigkeit verbessert, achtsam und präsent bei der Sache zu bleiben, wenn du regelmäßig übst. Dann wirst du erkennen, dass jede einzelne Übung sehr bereichernd ist – und der Weg zur Achtsamkeit genauso schön, spannend, aufregend und bereichernd ist wie das Ziel – die Achtsamkeit selbst.

NOCH MEHR KÜCHENZAUBER

Frisch, holzig, warm oder blumig: Bestimme die Aromen von Gewürzen, während du sie zubereitest oder im Essen schmeckst! Achtsam wahrgenommen, beleben sie deine Sinne und schenken dir Freude und häufig – bei regelmäßigem Genuss – sogar auch eine bessere Gesundheit.

Nimm dir jeden Tag ein anderes Gewürz vor und bereite damit im Sinne der Achtsamkeit eine Mahlzeit zu. Welche Erfahrung machst du?

1. Sehen: _____

_____

2. Hören: _____

_____

3. Schmecken: _____

4. Riechen: _____

5. Fühlen: _____

43

WASSERSEGEN

Sei heute beim morgendlichen Duschen ganz im Moment: Ist dir bewusst, dass die Haut das größte Organ deines Körpers ist? Sie ist über die Nervenbahnen mit sämtlichen inneren Organen verbunden und deshalb scheidet man über die Haut auch viele Schlackenstoffe aus.

Wie fühlt es sich an, wenn das Wasser deine Haut berührt? Wo ist es angenehm, wo unangenehm? Was verändert sich in deinem Körper, wenn du das Wasser langsam kälter werden lässt? Wie reagierst du darauf? Nimm alle Reaktionen achtsam wahr.

ERINNERUNGSANKER

Bis dir die Achtsamkeit in Fleisch und Blut übergegangen ist, wird es erfahrungsgemäß einige Zeit dauern. Klebe bunte »Post-it«-Zettel zum Beispiel an den Kühlschrank, an die Espressomaschine oder an den Spiegel im Bad. Schreibe ein »A« oder »Achtsamkeit« darauf.

Solange wir es nicht verinnerlicht haben, bei jedem Schluck oder Bissen im Hier und Jetzt zu sein, ist es hilfreich, sich immer Erinnerungshilfen zu schaffen.

VON DER NATUR VERZAUBERT

Die Schönheit einer Blume erfreut uns, ihr Duft betört uns – vorausgesetzt, wir nehmen uns die Zeit, sie achtsam mit allen Sinnen wahrzunehmen.
Gehe nach draußen und sei offen für die Wunder der Natur, die dir in unmittelbarer Umgebung begegnen.

Schreibe zehn Eindrücke auf, die du gesehen, gerochen, gefühlt, gehört oder geschmeckt hast, als du dich von der Natur hast verzaubern lassen:

1. Die Blumen im Vorgarten ...

2. _____

3. _____

4. _____

5. _____

6. _____

7. _____

8. _____

9. _____

10. _____

_____

DAS LEBEN WIRKLICH LEBEN

Achtsamkeit hilft dir, das Leben mit all seinen Herausforderungen nicht länger zu kategorisieren. Stattdessen betrachtest du einfach das, was gerade ist. Dadurch hast du die Freiheit, jenseits von gewohnten Mustern zu denken, zu empfinden und zu handeln. Du wirst dich innerlich und äußerlich verändern. Du wirst von anderen Menschen angesprochen, weil sie bemerken, dass du so glücklich und zufrieden aussiehst. Du wirst neue Qualitäten in dir entdecken. Du wirst dich in dir selbst wohlfühlen und ungeahnte Kräfte spüren.

 ## OHREN AUF!

Lege das Heft kurz zur Seite und achte auf die Geräusche in deiner Umgebung. Sammle mindestens fünf verschiedene Klänge und notiere sie hier:

1. _

2. _

3. _

4. _

5. _

Wie viele davon nimmst du normalerweise überhaupt nicht wahr, weil du mit deinen Gedanken an einem ganz anderen Ort bist?

_ _

_ _

_ _

MIND THE MUSIC

Höre dir eines deiner Lieblingslieder an. Konzentriere dich dabei auf ein Instrument und versuche, die ganze Zeit mit der Aufmerksamkeit bei diesem zu bleiben. Wähle daher am besten eines, dem du normalerweise keine Beachtung schenkst. Wie verändert sich das Lied dadurch?

Schreibe deine Erfahrungen auf:

_____

_____

_____

_____

_____

_____

_____

TÜRÖFFNER

Nice to know!

»Mind the Music« ist eine Achtsamkeitsmethode des »Center for Mindful Learning« (CML), die gemeinsam mit Jugendlichen in den USA entwickelt wurde. Diese Methode nutzt die Musik der Heranwachsenden als Türöffner für Achtsamkeitsübungen. Die Jugendlichen lernen dadurch, ihre Konzentrationsfähigkeit wirkungsvoll zu stärken sowie ihre Emotionen besser zu verstehen und angemessen mit ihnen umzugehen.

DIE LIEBE FLIESSEN LASSEN

Wenn du eine lebendige, zugewandte Beziehung führen möchtest, musst du akzeptieren, dass Veränderungen, Verlust und Enttäuschungen unvermeidbar sind und zum Leben und zur Liebe dazugehören.

Bist du bereit, deiner Beziehung mit Achtsamkeit zu begegnen, dann lass die Dinge so, wie sie sind. Schaue sie an, erlebe den Moment und lass Gedanken, Gefühle und Stimmungen wieder los. Von Moment zu Moment! Wenn du versuchst, besonders schöne Augenblicke festzuhalten, dann bremst du den Fluss des Lebens, denn du weißt, das kostet nur Kraft. Vergiss nicht: Das Leben und die Wellen lassen sich nicht stoppen! Organischer ist es, einander jeden Tag aufs Neue mit offenem Blick und offenem Geist zu begegnen. Surfe auf der Welle des Lebens und der Liebe!

Viele Beziehungen verlieren an Lebendigkeit, weil wir Angst haben, unseren Partner zu verlieren. Lassen wir uns hingegen den nötigen Freiraum, dann kann Neues entstehen. Gehe wieder mal öfter mit einer Freundin aus oder lass deinen Partner mit seinem Freund ein Rennradwochenende unternehmen. Gehe einmal alleine ins Kino oder mit deiner Kollegin in eine Ausstellung. Achte darauf, wie belebend die Liebe ist, wenn man achtsam miteinander umgeht und sich Freiraum lässt.

Welche Erfahrungen machst du? Schreibe sie auf:

_____

_____

_____

_____

_____

_____

GENAU DAS LIEBE ICH!

Verzichte darauf, deinem Partner eventuelle negative Gedanken zu berichten. Begib dich lieber ins Hier und Jetzt der liebevollen Begegnung. Schalte Störfaktoren wie das Smartphone aus. Richte deine Achtsamkeit lieber auf das, was jetzt gut ist zu zweit. Genieße ein Glas Wein mit deinem Partner, freue dich über den Kinobesuch zu zweit. Liebe braucht Pflege.

Zähle ganz spontan fünf Dinge auf, die dir gut an deinem Partner oder deiner Partnerin gefallen!

1.

2.

3.

4.

5.

MIT KONZEPTEN RUHE SCHAFFEN

Früher hat man gesagt: »Planen Sie Ihren Tag, und Sie werden alles schaffen, was Sie schaffen wollen!« Doch unser Alltag hat sich verändert. Beruflich und privat hat das Tempo angezogen, alles ist komplexer geworden und Internet, Mail und permanente Erreichbarkeit haben die Idee von einem »geplanten Tag« weit hinter sich gelassen. In der Regel sind unsere Tage nicht mehr »planbar« im Sinne von »ich weiß, was ich heute alles zu tun habe, und werde das diszipliniert abarbeiten«. Denn schnelles Reagieren und Flexibilität sind heute die Skills, auf die es ankommt. Und deshalb darf sich auch unser Umgang mit der Aufgabenorganisation ändern.

 ## DAS GUTE SEHEN!

Die Achtsamkeit lehrt dich, deiner inneren Stimme zu lauschen. Was verändert sich, wenn du bei den Menschen in deinem Umfeld auf innere Werte wie Achtsamkeit, Integrität und Souveränität achtest, anstatt sie danach zu beurteilen, wie erfolgreich sie sind?

_____

_____

_____

_____

Du wirst überwältigt sein, wie diametral entgegengesetzt diese innere Realität zu der uns umgebenden äußeren Wirklichkeit stehen kann, wenn wir irgendwelchen Vorbildern nacheifern. Freue dich über dieses Dilemma! Denn nun ist dein Blick offen für die Wahrhaftigkeit, die von innen kommt, und du kannst ihre Wertigkeit von innen heraus wahrnehmen.

TUE ETWAS GUTES!

Tue eine Woche lang jeden Tag etwas Gutes, ohne dass du darüber sprichst. Mache etwas, was für andere Menschen eine Wohltat ist. Aber tue es anonym und ohne auf dich aufmerksam zu machen. Bei dieser Handlung kann es sich um etwas ganz Einfaches handeln: einem Kind über die Straße helfen, die Kinokarte eines Menschen in der Kinokassenschlange zahlen, einem Kollegen eine Tafel Schokolade auf den Tisch legen und vieles mehr.

Unbewusst erhoffen wir uns Liebe und Aufmerksamkeit, wenn wir anderen Menschen Geschenke machen. Wir wollen alle geliebt werden – und dafür strengen wir uns oft über die Maßen an. Großzügig etwas zu geben, ohne dass der andere weiß, dass das Geschenk oder die Geste von uns ist, kann eine bereichernde Erfahrung sein, weil wir dadurch viel über uns selbst und unseren Wunsch, geliebt zu werden, lernen.

Notiere dir in den folgenden Zeilen, was du gibst, warum du gerade das gibst und wie es dir damit geht:

_____

_____

_____

_____

_____

_____

_____

FORSCHERGEIST AKTIVIEREN

Durch Achtsamkeit lernst du, kontinuierlich deine Gedanken zu beobachten, ohne sie zu verändern, zu bewerten oder sich vollkommen mit ihnen zu identifizieren. Vielleicht wird dir nachhaltig klar, wie viele Sorgen, Ängste, Zweifel und negative Visionen durch deinen Kopf jagen. Gleichzeitig lernst du, dass deine Ideen nicht die Welt abbilden, sondern lediglich deine Sicht der Dinge. Wenn du deine Gedanken im Sinne der Achtsamkeit kultivierst, wird dein Blick frei.

Beobachte über den Tag hinweg negative Gedanken und notiere sie:

Ich denke über meinen Partner, dass er ...

Ich denke über meinen Kollegen XY, dass er ...

Ich denke über meine Nachbarin, dass sie ...

Welche negativen Gedanken tauchen besonders oft auf?

Wie häufig bin ich mir bewusst, dass ich so negativ denke?

GROSSARTIGE ACHTSAMKEITSLEHRER

Hunde sind Meister des Augenblicks. Sie machen das Beste aus jedem Moment. Nutze ihre unverstellte Unmittelbarkeit für deine Achtsamkeitspraxis. Geselle dich in ihre Nähe, »leihe« dir vielleicht einen Hund von den Nachbarn oder aus dem Tierheim und nimm wahr, was du siehst. Tauche so einfach ein in ihre Erlebniswelt und erfreue dich mit ihnen am Erleben des gegenwärtigen Moments.

Schreibe auf, wo und wann ein Hund dich ins Hier und Jetzt zurückholt:

➤

➤

➤

➤

➤

 # NICHT WIDERSPRECHEN

Sage heute immer »Ja« in deinen Gesprächen, anstatt zu widersprechen – auch wenn dir nicht danach ist. Wenn du den Impuls verspürst, etwas zu widerlegen, besser zu wissen oder gar abzulehnen, dann frage dich, ob es tatsächlich sein muss. Ist es möglich, einmal nur zu schweigen oder freundlich zu nicken?

Diese Übung wird dir zeigen, wie oft wir anderen Menschen unbewusst widersprechen oder einen negativen Standpunkt einnehmen, wenn wir unachtsam sind. Sind wir hingegen achtsam und in der Lage, unseren Geist zu beobachten, während der andere mit uns spricht, dann können wir sehen, wie schnell wir mitunter innerlich Gegenargumente formulieren.

Was passiert, wenn du deinem Gegenüber hingegen das Gefühl vermittelst, dass dich das interessiert, was er dir erzählt? Notiere deine Erfahrungen:

_ _

_ _

_ _

_ _

Ja!

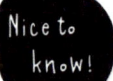

OHNE WORTE

Der Begriff Kommunikation umfasst weit mehr als das gesprochene Wort. Etwa 90 Prozent unserer Botschaften empfangen wir mittels nonverbaler Signale. Weniger als 10 Prozent von ihnen kommen über den verbalen Inhalt an uns heran. Zeitdruck verursacht unvollständige Kommunikation.

KLAR SEIN

Beobachte dich, wie du deiner Arbeit nachgehst. Notiere dann aus deinem Arbeitskontext eine für dich typische Formulierung mit missverständlicher Botschaft und formuliere sie dann richtiger, also unmissverständlich und klar um. Beispiel: »Immer kommst du zu spät!« in: »Ich möchte gerne, dass du ab sofort pünktlich kommst.«

Notiere weitere Beispiele:

_____

_____

_____

_____

_____

Übungsalternative

Formuliere exakt, was du persönlich fühlst oder denkst, anstatt deinem Gegenüber, etwa deinem Partner oder einem Kollegen, Vorwürfe zu machen. Verwende immer Ich- anstatt Du-Botschaften und verzichte auf Verallgemeinerungen, indem du Wörter wie »immer« oder »nie« benutzt. Sage lieber: »Gestern Abend habe ich mich alleine gefühlt und Angst bekommen, dass wir uns voneinander entfernen«, anstatt: »Du bist immer nur im Büro«.

Wir alle stehen unter Stress. Das hat manchmal zur Folge, dass die Gespräche mit deinen Lieben nicht mehr durchdrungen sind von der Magie des Augenblicks, sondern manchmal sogar einen schalen Geschmack bekommen. Lass dich nicht immer so vom Strudel des alltäglichen Trubels mitreißen! Dadurch wirst du automatisch im Umgang mit den Menschen um dich herum unachtsam und es schleicht sich ein Aneinander-vorbei-Reden ein, was unweigerlich zu Missverständnissen und früher oder später zu Krisen führt.

Vermeide alltägliche Abwicklungen insbesondere während der Mahlzeiten, die den Tag ja entschleunigen helfen sollen. Nutze die kostbare Zeit lieber, um dir und deinen Lieben achtsam zu begegnen und ein Ohr dafür zu haben, was sie gerade persönlich bewegt. Vielleicht braucht es anfangs eine kleine Erinnerungshilfe wie eine Kerze, die ihr auf den Tisch stellt. Sie kann dich daran erinnern, dass ihr nicht über Abwicklungen sprechen wollt.

Schreibe auf, worüber ihr euch bei den Mahlzeiten vorzugsweise austauscht:

_ _

_ _

_ _

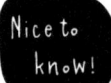

MERKMALE DER FORMELLEN ACHTSAMKEITSPRAXIS

- Stilles Sitzen oder stilles Gehen,
- wahrnehmen, was ist, und dies benennen,
- wertfrei sein,
- sich selbst an die Achtsamkeit erinnern,
- geduldig sein,
- wieder von vorne anfangen.

KLÄRUNGSBEDARF CHECKEN

In der Hektik des Alltags kommt es schnell zu Missverständnissen: Das, was wir meinen, ist oft etwas anderes, als wir sagen und was unser Gegenüber hört und was er versteht.

Kommunikation und Dialog sind nicht zweierlei, sondern ein und dasselbe. Sich offen und wahrhaftig miteinander auszutauschen schließt die verstandesmäßige Ebene – den Austausch von rationalen Informationen – und die emotionale – die der Gefühle – mit ein.

Achtsamkeit ist der Schlüssel zur Dialogfähigkeit – auch bei unterschiedlichen Standpunkten im Streit oder in einer Krise. Besonders hier gilt: Üben!

Überlege dir eine Situation, die es mit einem Gegenüber noch zu klären gilt. Überlege dir, wie du im Modus der Gegenwärtigkeit diesen Dialog führen willst. Schreibe es auf!

GENAU JETZT!

Natürlich lässt sich Achtsamkeit auch in den beruflichen Alltag integrieren. Auch in deinen! Fange gleich damit an, wenn du das nächste Mal in der Arbeit bist.

Begib dich ins Gewahrsein, wenn es sich anbietet. Zum Beispiel in der Frühstücks- oder Mittagspause kannst du Achtsamkeit praktizieren. Durch die Zugewandtheit an den Moment wirst du entdecken, dass du auch kurzen Pausen eine besondere Qualität verleihen kannst: Die Früchte schmecken süßer, der Tee intensiver, die Blumen, die du bewusst betrachtest, blühen schöner! Du bemerkst plötzlich, dass es nicht immer etwas »Anderes«, »Besseres« oder »Künftiges« sein muss.

Notiere, was dir in diesem Moment als besonders kostbar bewusst wurde:

RAUS AUS DER ROUTINE!

Wenn wir Dinge regelmäßig tun oder immer die gleichen Wege gehen, laufen wir Gefahr, den Zauber des Lebens nicht mehr zu sehen. Ein wacher Blick und offene Sinne lassen dich für die magischen Momente des Lebens empfänglich sein. Denke daran: Es gibt überall Blumen für den, der sie sehen will. Weite deinen Blick für die kleinen Dinge des Alltags. Gehe alte Wege so, als würdest du sie zum ersten Mal beschreiten. Oder wähle neue Routen und gehe diese Schritt für Schritt mit deiner ganzen Achtsamkeit.

Nimm einen neuen Weg in deine Arbeit! Was fällt dir dabei auf?

_ _

_ _

_ _

_ _

_ _

_ _

>—< Übungsalternative >—<

Gehe den Weg in deine Arbeit im Sinne einer Gehmeditation achtsam Schritt für Schritt. Plane also deutlich mehr Zeit als üblich dorthin ein oder gehe nur eine bestimmte Strecke schrittweise. Was ist anders als sonst? Beachte sorgfältig deine Wahrnehmung – Gedanken, Gefühle und Körperempfindungen.

 **ZEITLOS**

Nimm deine Armbanduhr ab. Mache es nun wie ein Kind: Sei ganz bei der Sache. Ohne Zeitdruck. So, als gäbe es nur diese eine Tätigkeit, die du gerade zu erledigen hast, und führe sie aus, ohne an die Zeit dabei zu denken. Mache das, was du im Moment zu tun hast, ohne dir all die Erledigungen vorzustellen, die noch auf deiner To-do-Liste stehen.

Schreibe auf, wie es dir damit geht:

_____

_____

_____

_____

_____

_____

_____

_____

Wenn du geübter bist im Umgang mit der Achtsamkeit und in Folge dessen in der Wahrnehmung des eigenen Körpers, dann probiere den Mini-Körperscan auf der nächsten Seite aus! Der bringt dich sehr schnell wieder ganz zu dir selbst – und damit auch wieder zurück in den gegenwärtigen Moment.

MINI-BODYSCAN

Einfach spüren!

Diese Übung kannst du jederzeit und überall vor, bei und nach deiner Arbeit durchführen: auf dem Weg ins Büro, im Bus, in der S-Bahn, vor dem PC, bevor du den Telefonhörer abnimmst, um eine Nummer zu wählen. Wirklich überall! Sie bringt dich in den gegenwärtigen Moment zurück und unterstützt dich darin, voll und ganz präsent zu sein!

Setze dich in eine möglichst aufrechte Position und gehe den Körper von unten nach oben durch:

- Beide Füße,
- beide Beine,
- das Becken,
- das Gesäß,
- den Rücken,
- den Bauch,
- den Brustraum,
- die Schultern,
- beide Arme,
- den Hals,
- den Nacken,
- das Gesicht.

- Nimm nun noch abschließend den Körper insgesamt wahr von den Fußsohlen bis zu den Haarspitzen.

LASS DICH FAHREN

Wenn du das nächste Mal an einen anderen Ort fährst, benutze ein öffentliches Verkehrsmittel. Entspanne dich auf der Fahrt und nimm die Landschaft ganz achtsam und offen wahr. Öffne deinen Blick für all das Schöne, was du normalerweise nicht siehst, wenn du selbst am Steuer deines Autos sitzt: die Bäume auf dem Feld oder am Wegesrand, Häuser, Vögel, die am Himmel fliegen ...

Zähle nun all jene Dinge auf, die du hierbei bewusst wahrgenommen hast:

1. Einen lächelnden Fahrgast

2. Ein blühendes Feld

3. _____

4. _____

5. _____

6. _____

7. _____

8. _____

9. _____

10. _____

▶ Genieße dieses Gefühl, gefahren zu werden und dich dabei zu entspannen!

ACHTSAMKEITSLEHRER BUDDHA

»Wenn wir Achtsamkeit praktizieren, beruhigt sich der Geist« ist ein dem Buddha zugeordnetes Zitat. Er entwickelte vor 2500 Jahren die Achtsamkeitspraxis, um einen Weg aus dem menschlichen Leid zu finden. Dieses entsteht, weil wir unachtsam durch unser Leben gehen und uns ständig mit Körperempfindungen, Gedanken und Gefühlen identifizieren. Die Praxis der Achtsamkeit half ihm, Erleuchtung zu erlangen.

HINGABE ÜBEN

Lass das Gefühl des Gehetztseins los, indem du das, womit du dich gerade beschäftigst, voll und ganz akzeptierst. »Wieso?«, fragst du vielleicht nun. Indem du das voll und ganz annimmst, was du gerade machst, und alles andere in dir zur Ruhe kommen lässt, kann eine natürliche ungezwungene Achtsamkeit entstehen. Manchmal hilft es, wenn du dir all die Dinge, die deine Zeit in Anspruch nehmen, als Perlen einer Kette vorstellst. Jede Perle ist ein Stück kostbare Zeit deines Lebens – und jedes Stück ist gleich wichtig. Widme dich immer nur einer Perle und tue es mit deiner ganzen Hingabe. So, als wäre es das Allerwichtigste, was du zu tun hast. Benenne zum Beispiel eine anstehende Aufgabe und sprich sie laut aus: »Ich schreibe jetzt achtsam und voller Hingabe dieses Protokoll. Ich nehme diese Aufgabe an.« Indem du so eine Zeit lang vorgehst, gehen dir diese Arbeiten viel besser von der Hand.

IRGENDWIE SO

Untersuchungen haben gezeigt, dass amerikanische Teenager das Füllwort »like«, dass dem deutschen Wort »irgendwie« entspricht, gut 200 000-mal im Jahr verwenden.

 ## FÜLLWÖRTER VERMEIDEN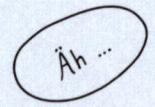

Wie häufig verwendest du Wörter wie »äh«, »irgendwie«, »nämlich« oder »also«? Versuche, sie einmal ganz bewusst aus deinem Wortschatz zu entfernen. Füllwörter sagen nichts aus. Mache dir bewusst, warum du diese Wörter einsetzt.
Um Zeit zu sparen?
Um Unsicherheit zu überspielen?
Diese Übung erfordert ein hohes Maß an Achtsamkeit. Anfangs kannst du Freunde oder Familienmitglieder bitten, dich darauf aufmerksam zu machen, wann du solche Wörter verwendest.

Schreibe dir auf, zum Beispiel in Form einer Strichliste, wie häufig du über den Tag verteilt ein Füllwort verwendest, und beachte, wie sich deine Sprache verändert, wenn du darauf verzichtest. Du wirst schnell wahrnehmen, dass deine Sprache eindrücklicher und effektiver wird.

DIE ANDERE HAND

Benutze jeden Tag einmal konsequent deine linke Hand, falls du Rechtshänder bist, und deine rechte, falls du Linkshänder bist. Zum Beispiel beim Zähneputzen, beim Essen oder um handschriftliche Notizen zu machen. Diese Achtsamkeitsübung bringt dich zu dem zurück, was von Zen-Lehrern als Achtsamkeitsgeist bezeichnet wird. Unsere dominierende Hand beherrscht alle Handgriffe wie im Schlaf. Die nichtdominierende Hand ist so ungeschickt wie die eines kleinen Kindes.

▶ Diese Übung – achtsam ausgeführt – hilft dir dabei, flexibler zu werden. Sie zeigt dir auch, dass es nie zu spät ist, um etwas Neues zu lernen. Wenn du diese Übung regelmäßig durchführst, wirst du mit der Zeit erkennen, dass viel mehr Möglichkeiten in dir schlummern, als du bislang gedacht hast.

Nice to know!

HABE MUT!

Den Raum der Gefühle zu betreten ist oft eine zwiespältige Angelegenheit. Hier leben Freude, Glück, Trauer, Neid, Eifersucht, Verletzungen und Schmerzen aller Art dicht an dicht. Du wirst auch darum wissen. Manch einer hält diesen Raum gut verschlossen, um sich vor einem Zuviel an Gefühl oder vor bestimmten Gefühlen zu schützen. Doch das ist schade! Wer sich vor dem Schmerz verschließt, grenzt auch Glück und Freude aus. Die ganze Palette deiner Gefühle macht dich aus. Jedes möchte wahrgenommen werden im Ausdruck deines Menschseins.

MERKMALE DER INFORMELLEN ACHTSAMKEITSPRAXIS

- Innehalten,
- entschleunigen,
- den Autopiloten ausstellen,
- Gewohnheiten ändern.

★ ★ ★ OFFLINE SEIN

Hineinschauen in die »Gegenwärtigkeit« – in das, was gerade ist, mit einem unverstellten, freien Blick – und sich am Moment erfreuen: Es gibt viele Möglichkeiten, das zu lernen. Achtsamkeit am Wochenende ist eine davon! Dann kannst du das Handy ausschalten und dem Terminkalender eine Pause gönnen – und hast die Gelegenheit, vollkommen in die Magie des gegenwärtigen Moments einzutauchen.

Ein bewusster Umgang mit äußeren Reizen hilft dir, das Hier und Jetzt nicht zu verpassen. Daher: Schalte in der Mittagspause oder am Feierabend oder am Wochenende für ein paar Stunden dein Smartphone aus und checke auch keine Mails am Computer. Studien belegen, dass der ständige Gebrauch eines Handys zu Schlafstörungen und Depressionen führen kann. Außerdem ist man ständig abgelenkt.

Beobachte, welche Gedanken und Gefühle und auch Körperempfindungen nun in dir aufsteigen. Mache dazu ein paar Notizen:

_____

_____

_____

_____

DANKBAR SEIN

Merci!

Wir glauben oft, unser Glück läge in der Zukunft. Dabei übersehen wir oft den Reichtum des gegenwärtigen Moments. Steige hier aus! Überprüfe einen Tag lang, wofür du dankbar sein kannst.

Das Erlebnis	Bist du dir bewusst, dass diese Erfahrung nicht selbstverständlich ist und du dafür dankbar sein kannst?	Wo genau im Körper kannst du diese Dankbarkeit wahrnehmen?	Welche Gedanken und Gefühle gehen mit diesem Gefühl einher?	Welche Gedanken, Gefühle und Körperempfindungen hast du jetzt, während du dies aufschreibst?
Einen Arbeitsplatz zu haben				
Mit netten Kollegen ein Büro zu teilen				

67

DER ZAUBER DES MOMENTS

Wahrnehmen, was ist – absichtslos und wertfrei. Jeder freie Moment am Wochenende eignet sich dazu. Denn jetzt geht es darum zu regenerieren. Und wo kannst du das besser als im gegenwärtigen Moment?

Erlaube dir, alle deine Sinne ganz bewusst zu öffnen und dich einfach ein paar Minuten lang zu entspannen.

Sei präsent und offen für das Leben – JETZT. Dazu musst du gar nichts tun ...

Kannst du es zulassen, Freude und Glück in dir aufsteigen zu lassen, ...

- ... ohne ein schlechtes Gewissen zu bekommen?
- ... ohne dich schuldig zu fühlen?
- ... ohne diesen Moment festhalten zu wollen?
- ... ohne an all die Dinge zu denken, die jetzt liegen bleiben?

Kannst du einfach nur den Moment erleben?

Schreibe auf, welche Erfahrung du jetzt machst ...

_____

_____

_____

_____

_____

VOM TUN INS SEIN

Führe immer wieder Übungen an Wochenenden oder freien Tagen durch. Sie helfen dir wirksam, vom gestressten Tun ins achtsame Sein zu kommen. Dadurch baust du unnötige Spannung in Körper und Geist ab. Schreibe auf, wofür du dich entschieden hast und wie es dir mit der Erfahrung des Übens geht:

1. Coffee to go achtsam trinken: Ich habe mich auf eine Parkbank gesetzt, anstatt den Kaffee im Gehen zu trinken. Dadurch habe ich den Geschmack des Getränks viel bewusster wahrgenommen.

2. _____

_____

_____

3. _____

_____

_____

4. _____

_____

_____

5. _____

_____

_____

EIN GEDANKE STATT »MEIN« GEDANKE

Der amerikanische Journalist und Autor Mark Twain hat einmal gesagt, dass er in seinem Leben viele Probleme und Sorgen gehabt habe. Dabei seien die meisten nicht eingetroffen. Das hängt damit zusammen, dass wir uns so sehr mit unseren Gedanken identifizieren und meist gar nicht realisieren, dass alles nur Gedanken sind! Eine hilfreiche Übung ist es deshalb, dir zu sagen: »Ich habe einen Gedanken«, anstatt zu sagen: »meine Gedanken«. Probiere es aus.

> ### Übungsalternative

Führe die gleiche Übung mit Gefühlen und Körperempfindungen durch. Was verändert sich, wenn du sagst »Da ist ein Gefühl« anstatt »mein Gefühl«. Und: »Da ist eine Körperempfindung« anstatt »meine Körperempfindung«.

▶ Dadurch schaffst du eine Distanz zwischen all den Gedanken, Gefühlen und Körperempfindungen und kannst sie auch leichter wieder gehen lassen.

Nice to know!

UNBEWUSSTES ERKENNEN

Wenn wir die Aufmerksamkeit auf unsere Gedanken richten, nehmen wir das zumeist negative Getöse unserer inneren Stimmen unverstellt wahr. Dabei sehnen wir uns nach innerem Frieden, nach Wertschätzung, Ruhe und Gelassenheit – in unseren Köpfen, unseren Beziehungen, bei der Arbeit und in der Welt. Achtsamkeit hilft dir. Dieses Gewahrsein lässt dich feststellen: Das bin ich ja gar nicht! Das sind ja nur meine Gedanken! Ich kann sie zwar nicht abstellen, aber ich habe die Freiheit, diese Stimmen zu ignorieren. Ich habe die Freiheit, einfach nicht auf sie zu hören. Mit Achtsamkeit beginnt dein Seelenfrieden.

NICHT ÄRGERN

Wie oft ist es dir schon passiert, dass dir jemand den Parkplatz vor der Nase weggeschnappt hat und du dich immer noch über denjenigen ärgerst, obwohl du bereits längst im Café sitzt und am Cappuccino nippst? Dann ergeht es dir so wie einem jüngeren Mönch in der folgenden Geschichte.
Lies sie aufmerksam!

Zwei Mönche

Es waren einmal zwei Mönche, die auf ihrer Wanderung an einem reißenden Fluss vorbeikamen, den sie überqueren mussten. Am anderen Ufer stand eine Frau, die ebenfalls über den Fluss gelangen wollte. Aufgrund der starken Strömung war sie dazu alleine nicht in der Lage. Sie bat also den älteren der beiden Mönche, ihr über den Fluss zu helfen. Dieser nahm sie und trug sie auf seinen Schultern über den Fluss. Auf der anderen Seite des Flusses angekommen, setzte er die Frau ab, verabschiedete sich und ging mit dem anderen Mönch weiter seines Weges. Die beiden schwiegen eine Zeit lang. Nach einiger Zeit jedoch platzte es aus dem jungen Mönch heraus: »Du hast unseren Eid gebrochen! Wir wollten uns doch niemals mit Frauen einlassen. Deshalb hättest du diese Frau nicht über den Fluss tragen dürfen.« Der ältere Mönch wandte sich an den jüngeren, lächelte nur und erwiderte: »Ich habe die Frau bereits am Ufer des Flusses abgesetzt. Warum trägst du sie immer noch in deinem Kopf mit umher?«

ACHTSAM WANDERN

Vögel zwitschern, irgendwo rauscht ein Bach. Das Licht schimmert mattgolden. Es ist warm, ein heiterer Sommertag. Du fühlst dich geborgen. Du gehst Schritt für Schritt. Du riechst das Holz der Zirbe. Du kommst an. Im Moment. Achtsamkeit bei der Wanderung erobert dich ganz unscheinbar: mit einem Blick auf die zauberhaften Farben der Blumen am Wegesrand, einem malerischen Panorama – und dann kommt das Gefühl, genau am richtigen Ort zu sein.

Öffne dich bei deiner nächsten Wanderung an einem Wochenende ganz im Sinne der Achtsamkeit mit allen Sinnen für diese Erfahrung: Was riechst du? Wie fühlt sich der Boden unter deinen Füßen an? Was hörst du?

▶ Notiere die schönsten und intensivsten Erfahrungen, die du dabei gemacht hast:

_____

_____

_____

_____

Nice to know!

IN DER RUHE LIEGT DIE KRAFT

Während wir fahren oder gehen, blicken wir nur für einen ganz kurzen Bruchteil von Sekunden auf all das, was uns begegnet. Der Tag fliegt nur so an uns vorbei, ohne dass wir ihn bewusst wahrnehmen. Wir sagen immer: Die Zeit vergeht immer schneller. Aber das liegt daran, dass wir uns immer weniger Zeit nehmen, das in Ruhe zu betrachten, was uns begegnet. Wissenschaftler haben herausgefunden, dass sich Lebensfreude und Lebensqualität erheblich erhöhen, wenn wir unsere Umgebung achtsamer und bewusster wahrnehmen. Unsere Aufgabenorganisation ändern.

EIN ACHTSAMKEITSTAG

Alles bietet sich für einen Achtsamkeitstag an: die Signale deines Körpers, dein Umgang mit dir und deinen Mitmenschen, deine Erfolge und Misserfolge, der Einkauf im Supermarkt, ein Tag des Schweigens, ein Spaziergang in der Natur. Wenn du die Achtsamkeit so gut wie möglich an einem Wochenende integrierst, gibt es keine Erfahrung, keinen Gedanken, kein Gefühl, das dir nichts Wesentliches über dich selbst offenbart. Sie alle sind deine Lehrer. Sie alle sind ein Spiegel deines Körpers und deines Geistes.

Nimm dir Zeit für verschiedene Achtsamkeitsübungen und schreibe deine Erfahrungen damit auf:

Achtsamkeitsübung: *Wie es mir damit geht:*

1.

2.

3.

4.

5.

6.

7.

8.

9.

10.

HEIL WERDEN, HEIL SEIN

Die Achtsamkeit hilft uns, das Leben mit den Augen der Ganzheit zu sehen und seinen tieferen Sinn zu erkennen. Jon Kabat-Zinn konnte an zahlreichen Patienten beobachten, dass sie, obwohl sie nicht gesund geworden sind, trotzdem tiefe Heilung erfahren haben. Und zwar deshalb, weil sie mithilfe der Achtsamkeit ihre Einstellung gegenüber Krankheit, Schmerz und Tod geändert haben. Heil zu sein bedeutet, das Leben so zu nehmen, wie es ist. Es bedeutet, auf den Wellen zu reiten, anstatt gegen sie anzukämpfen.

 ## ERKENNTNISSE

Ein Wochenendtag voller Achtsamkeit bietet Gelegenheit, Inspirationen, Impulse und Ideen aufsteigen zu lassen.

Schreibe spontan auf, was dir an diesem Tag wichtig erscheint – alle Gedanken, Gefühle, Körperempfindungen.

 ## FÜNF SEKUNDEN!

➤ Nimm dir die Zeit, Dinge, an denen du vorbeigehst, mindestens fünf Sekunden zu betrachten. Du wirst merken: Dies ist eine lange Zeit. Aber was sind fünf Sekunden, gemessen an einem ganzen Tag?

➤ Was verändert sich in deiner Wahrnehmung auf die Umwelt, wenn du dir mehr Zeit lässt?

VERFOLGE DEIN PERSÖNLICHES ZIEL

Achtsamkeit erfordert Disziplin. In kritischen Zeiten kann dich dein persönliches Ziel (siehe Seite 11) ganz wesentlich darin unterstützen, dranzubleiben und durchzuhalten.

- Was hast du durch die verschiedenen Achtsamkeitsübungen dieses Buches gelernt?
- Mit welchen Übungen hast du deine kurzfristigen, mittelfristigen oder langfristigen Ziele erreicht oder bist ihnen näher gekommen?

1. _

2. _

3. _

4. _

5. _

6. _ _ _ _ _ _ _ _ _ _ _ _ _ _ _ _ _ _ _

▶ Wiederhole all die Übungen, die dir guttun, so häufig wie möglich, damit sich die neuronalen Verbindungen, die durch sie neu gelegt worden sind, so verfestigen können, dass du auch beim nächsten Sturm noch sicher, entspannt und gelassen gleichermaßen auf den Wellen des Lebens reiten kannst.

MEDITATION – WAS SIE IST, WAS SIE NICHT IST

Durch die verschiedenen Meditationen in diesem Übungsheft hast du viel gelernt. Mit diesem Quiz kannst du überprüfen, ob du jetzt wirklich weißt, was die Achtsamkeitsmeditation ausmacht, was sie ist und was nicht.

	Ja	Nein
Die Achtsamkeitsmeditation ist eine bewährte Entspannungsmethode.		
Wenn man länger meditiert, hört man automatisch auf zu denken.		
Man kann nur im Lotossitz meditieren.		
Das Ziel der Meditation besteht darin, aus dem normalen Leben auszusteigen und als Mönch oder Nonne zu leben.		
Wer länger als fünf Jahre meditiert, hat nur noch gute Gedanken.		
Durch die Meditation lösen sich alle negativen Gefühle wie Wut, Ärger und Angst automatisch auf wie Wolken am Himmel.		
Wenn man meditiert, darf man keinen Alkohol mehr trinken.		
Richtig meditieren kann man nur im Ashram oder in einem Kloster.		
Die Achtsamkeitsmeditation ist esoterischer Firlefanz.		
Wer meditiert, muss an Buddha glauben oder Yoga machen.		

▶ 1–10: »Nein«. Dies sind typische Aussagen, die als Vorurteile oder aus Unkenntnis heraus über die (Achtsamkeits-)Meditation kursieren.

ERWARTUNGEN VERGEGENWÄRTIGEN

*Überlege dir, welche Erwartungen du an Menschen hast, die dir nahe-
stehen. Notiere insgesamt fünf:*

1. _

   _

2. _

   _

3. _

   _

4. _

   _

5. _

   _

KOMME, WAS WOLLE

*Welche Erfahrungen eröffnen sich dir, wenn du ohne Erwartungen deinem
Gegenüber begegnest?*

_ _

_ _

ZUM SCHLUSS

Du bist am Ende deines Übungshefts angekommen. Ich hoffe, es hat dir Spaß gemacht und dich ein wenig mehr ins Hier und Jetzt gebracht.
Nimm dein Übungsheft ruhig immer wieder zur Hand und sieh das Üben damit als Auftakt, deine Achtsamkeit zu schulen.

Ich wünsche dir dabei weiterhin alles Gute!

ÜBER DIE AUTORIN

Doris Iding ist Ethnologin und Yogalehrerin. Sie lebt und arbeitet in München als Buchautorin und Seminarleiterin im Bereich Achtsamkeit, Meditation und Yoga. Ihre Bücher wurden in 14 Sprachen übersetzt.

Mehr Tipps von Doris Iding erhältst du hier:
www.doris-iding.de

Weitere Bücher der Autorin:
Der kleine Achtsamkeitscoach, GU
Alles ist Yoga, Schirner
Die Angst, der Buddha und ich, nymphenburger

Bücher & Apps aus dem Gräfe und Unzer Verlag:
Eßwein, Jan: *Achtsamkeitstraining* (mit CD)
Mannschatz, Marie: *Mit Buddha zu innerer Balance* (mit CD)
Seethaler, Susanne: *Schenk dir eine Atempause* (Tischaufsteller)
App: *Meditation – Audio-Meditationsübungen für mehr Klarheit und innere Ruhe*
App: *Achtsamkeitstraining – mehr Klarheit, innere Ruhe und Zufriedenheit im Alltag*

ÜBUNGSREGISTER

LEICHT, GEHT RUCKZUCK

MITTELSCHWER, DAUERT NICHT SO LANGE

ANSPRUCHSVOLL, BENÖTIGT ETWAS MEHR ZEIT

IMPRESSUM

© 2015 GRÄFE UND UNZER VERLAG GmbH, München
Alle Rechte vorbehalten. Nachdruck, auch auszugswei-
se, sowie Verbreitung durch Bild, Funk, Fernsehen und
Internet, durch fotomechanische Wiedergabe, Tonträ-
ger und Datenverarbeitungssysteme jeder Art nur mit
schriftlicher Genehmigung des Verlages.

Projektleitung: Claudia Böhm
Lektorat: Anna Cavelius
Layout & Umschlaggestaltung:
independent Medien-Design
GmbH, Horst Moser, München
Herstellung: Renate Hutt
Satz: L42 Media Solutions Ltd., Berlin
Reproduktion: medienprinzen GmbH, München
Druck: F+W Druck- und Mediencenter, Kienberg
Bindung: Conzella, Pfarrkirchen
ISBN 978-3-8338-4835-3
3. Auflage 2016
Die GU-Homepage finden Sie unter www.gu.de

Bildnachweis

Illustrationen: www.pfau-illustrationen.de
Syndication: www.jalag-syndication.de

Wichtiger Hinweis

Die Gedanken, Methoden und Anregungen in diesem
Buch stellen die Meinung bzw. Erfahrung der Verfas-
serin dar. Sie wurden von der Autorin nach bestem
Wissen erstellt und mit größtmöglicher Sorgfalt
geprüft. Sie bieten jedoch keinen Ersatz für persön-
lichen kompetenten Rat. Jede Leserin, jeder Leser ist
für das eigene Tun und Lassen auch weiterhin selbst
verantwortlich. Weder Autorin noch Verlag können für
eventuelle Nachteile oder Schäden, die aus den im
Buch gegebenen praktischen Hinweisen resultieren,
eine Haftung übernehmen.

Liebe Leserin, lieber Leser,

haben wir Ihre Erwartungen erfüllt?
Sind Sie mit diesem Buch zufrieden? Haben Sie weitere Fragen zu
diesem Thema? Wir freuen uns auf
Ihre Rückmeldung, auf Lob, Kritik
und Anregungen, damit wir für Sie
immer besser werden können.

GRÄFE UND UNZER Verlag
Leserservice
Postfach 86 03 13
81630 München
E-Mail:
leserservice@graefe-und-unzer.de

Telefon: 00800 / 72 37 33 33*
Telefax: 00800 / 50 12 05 44*
Mo–Do: 9.00 – 17.00 Uhr
Fr: 9.00 – 16.00 Uhr
(* gebührenfrei in D, A, CH)

Ihr GRÄFE UND UNZER Verlag
Der erste Ratgeberverlag – seit 1722.

 www.facebook.com/gu.verlag

GRÄFE
UND
UNZER

Ein Unternehmen der
GANSKE VERLAGSGRUPPE